Achim Koch

# Der Autor kommt

Ein Stück
viele Jahre nach dem Roman
„An Willem"

Personen:

| | |
|---|---|
| **Autor** | Ende vierzig, etwas nachlässiges Äußeres, kommt mit dem Motorrad |
| **Pedersen** | sehr alt, groß, rundes, rotes Gesicht, rosa Schädel, Gastwirt, ehemaliger Deichgraf |
| **Agata Pauls** | Anfang dreißig, schwarze Kleidung, Bedienung, hingerichtet |
| **Sieke Deletre** | Mitte fünfzig, weißes Haar, helle Kleidung, ernsthaft |
| **Dr. Helmer** | Anfang sechzig, korrekte Sommerkleidung, Schwager von Sieke Deletre, Landespolitiker, schwatzhaft |
| **Marin Helmer** | Anfang dreißig, helle Kleidung, Ehefrau von Dr. Helmer und Tochter von Sieke Deletre, leicht ablenkbar |
| **Jasper Jaspersen** | Anfang siebzig, groß, schlaksig, jugendlich, verknitterte Sommerkleidung, ehemaliger Apotheker, Pensionsinhaber an der dänischen Ostseeküste, Vertriebener |
| **Backe Tetens** | Ende vierzig, senffarbene Uniform, Polizist, verschlafen und geschäftig |
| **Win Silverstein** | Ende dreißig, Afro-Amerikanerin, kommt auf einer alten BMW |

**weitere Personen:**

| | |
|---|---|
| **Willem Deletre** | kommt, ist aber noch nicht da |

Kopfschütteln. Vereinzelte Selbstzweifel.

**Helmer:** Sie hätten auch Politiker werden sollen. Oder Anwalt. Oder beides.

**Marin:** Bei seinem Verhältnis zur Wahrheit. Ich weiß nicht. Obwohl, ja.

**Sieke:** Können Sie uns den Unsinn eigentlich auch beweisen?

Jetzt weiß der Autor wieder, warum er gekommen ist und spricht mit selten sicherer Stimme.

**Autor:** Sie selbst sind der Beweis.

Jeder betrachtet sich kurz als Beweis. Doch das hilft nicht weiter.

**Autor:** Herr Pedersen geht jetzt ins Haus.

Pedersen erhebt sich und ist schneller verschwunden, als er gehen kann. Einer weniger. Alle schauen überrascht. Sieke blickt fassungslos ins Nichts.

**Autor:** Wie Sie sehen, kann ich Sie löschen.

Sicherlich der wahnsinnigste Satz des Autors an diesem Nachmittag. Zunächst löst sich Jaspersen aus seiner Verblüffung.

**Jaspersen:** Das soll so aussehen, als könnten sie gottgleich Menschen schaffen, löschen oder gar leiten. Ich meine, trauen Sie sich da nicht etwas zu viel zu?

**Autor:** Halten Sie meine Geschichte für perfekt? Ist sie schlüssig? Ist sie gut ausgedacht?

Risikofrage.

**Jaspersen:** Bei allem Respekt. Überhaupt nicht. In manchen Passagen liest sie mich nicht.

**Autor:** Hätte sie vielleicht gekürzt werden sollen?

Er sollte solche Fragen eigentlich nicht stellen.

**Jaspersen:** Nein, bloß nicht. Aber sie hätte doch manchmal anders verlaufen können.

**Autor:** Sehen Sie, das hatten wir schon.

Historie ist die Historie. Man kann sie haargenau beschreiben. Es kommt nur immer auf den Standpunkt an. Man kann sie also auch interpretierend beschreiben. So haben Sie es unternommen. Das müssen Sie zugeben. Und jetzt wollten Sie ein wenig mit uns spielen, und wir sind darauf hereingefallen. Nun – sagen Sie schon etwas.

Der Autor ist ein wenig geschmeichelt, und es wäre nun leicht, Pedersen Recht zu geben. Man würde sich über die Raffinesse und Witz des Autors amüsieren. Willem und Jakob würde der gesamte Hergang nach ihrer Ankunft noch einmal geschildert werden. Und letztlich wären damit die Widersprüche einzelner untereinander zwar nicht vergessen, aber diesem Sommernachmittag angemessen unbedeutend geworden. Dennoch spürt der Autor eine Verpflichtung, die in diesem Falle stärker als seine Eitelkeit und sein Wunsch nach Frieden ist. Es handelt sich um die Wahrheit und damit um ein auch für ihn meist unbegreifliches Phänomen. Und vor ihm steht die schwierige Aufgabe, im Dienste dieses Phänomens einen einzigen klaren, verständlichen Satz zu formulieren. Dieser Satz ist folgendermaßen zusammengebaut:

**Autor:** Ich danke Ihnen, Herr Pedersen, für Ihr Vertrauen und Ihre Nähe zu mir.

Nun aber noch der Zusammenbau.

**Autor:** Es mag sich, das gebe ich zu, etwas wahnwitzig anhören. Aber ich habe mir Sie – als Personen, als Charaktere - ausgedacht. Nur ausgedacht, muss ich sagen. Hätte ich das nicht getan, dann wären Sie, Verzeihung, überhaupt nicht in meiner Geschichte erschienen.

Schon zu ende, denn Helmer unterbricht.

**Helmer:** Was verstehen Sie unter meiner Geschichte, ist es nicht viel eher unsere Geschichte?

Kurze Autorenverwirrung. Dann weiter.

**Autor:** Wenn Sie, Herr Jaspersen, mich auffordern, Ihnen Ihre Apotheke zurückzugeben, was meinen Sie dann eigentlich damit? Fordern Sie es doch von denen, die Ihnen Ihre Apotheke weggenommen haben. Ja, eventuell von Willem.

**Sieke:** So geht das nicht.

**Autor:** Nein, Sie wissen alle, dass ich es mir nur ausgedacht habe. Und Sie fordern nur, dass ich es mir hätte anders ausdenken müssen. Das allein ist Ihr Vorhaben. Sie wollen, dass ich die Geschichte umschreibe. Auch Sie, Agata, die Sie mich auffordern, gewisse Unterstellungen einfach zu verschweigen, Sie aus der Geschichte herauszustreichen.

**Agata:** Möchtest du schon was?

**Autor:** Du bedienst hier?

**Agata:** Ja, möchtest du schon was?

**Autor:** Eine große Apfelschorle. Wie geht es deinem Mann?

Agata wischt mit dem Unterarm vertrocknete Blätter vom Tisch und zieht dann an der Tischdecke herum.

**Agata:** Warum fragst denn du das jetzt?

**Autor:** …

**Agata:** Du weißt doch, dass Pauls da draußen verschollen ist. Alle wissen das. Warum dann?

**Agata:** Also ne große Apfelschorle. Und leg dein Zeug da mal anständig hin. Es kommen noch andere Gäste.

Agata geht wütend davon. Der Autor bleibt allein. Die Sonne brennt. Er nimmt sich eine dünne Zigarre aus der Motorradjacke, wirft die Jacke zurück zu anderen Motorradsachen, steckt die Zigarre an und beginnt zu rauchen. Zeit vergeht. Pedersen erscheint und steht direkt vor dem Autor. Er trägt einen weiten, zerknitterten Sommeranzug und einen Panamahut. Er bewegt sich für sein hohes Alter außerordentlich schnell. Der Autor blickt zu ihm auf.

**Pedersen:** Warum trinkst du nix. Es ist sehr heiß heute. Ich bring dir mal ein Bier. Ein großes, kühles Bier.

Der Autor versucht abzuwinken.

**Autor:** Bitte, Pedersen, kein Bier. Ich hatte mir bei Agata eine Apfelschorle bestellt. Ich glaube, das ist schon eine Ewigkeit her.

Doch Pedersen ist schon verschwunden. Wieder sinniert der Autor vor sich hin, schreckt dann aber plötzlich auf, denn Pedersens Hand kracht auf seine Schulter. Das schmerzt. Neben dem Autor stehen zwei große, kühle Bier.

**Pedersen:** Sonst bedient Agata wirklich schnell. Aber weißt du, sie nimmt es dir scheinbar übel, was ihr da geschehen ist. Diese Hinrichtung war ja auch fürchterlich. Ich weiß, wovon ich spreche. Ich war ja dabei. Aber eigentlich

| | |
|---|---|
| **Jakob Smid** | kommt, ist aber noch nicht da |
| **Pauls** | verschollen und unabkömmlich |
| **Wieglinde** | will nicht kommen, egal, warum |
| **Lorenz & Brodine Deletre** | können nicht kommen, weil in den USA |
| **Anders Deletre** | kann nicht kommen, befindet sich auf einer Kur |
| **Bendix Pedersen** | nicht zu erreichen, evtl. Südamerika |
| **Nonne Fynn** | nicht zu erreichen, mysteriöse Gründe |
| **Simon & Gesche Simonsson** | unabkömmlich, weil beschäftigt mit Ausstellungsvorbereitungen |
| **Arft Smid** | ? |
| **Der stumme Klus** | ? |

**Außen:**

eine Warft, Sonne, Sommer, Laubbäume, Plastikgartenmöbel, lange, gedeckte Tafel mit großen Thermoskannen, Sahnekännchen und Zuckerschalen; seitlich gelegen ein altes Bauernhaus – ein Landgasthof, parkende Autos, weiter Blick über Felder, Wiesen mit Kühen, über andere Bauernhäuser, alte Sommerdeiche bis zum Seedeich, am Horizont flimmert die Luft; ein Mann in Motorradkleidung steht zwischen den Plastikstühlen; Helm unter dem Arm, unrasiert, verschwitzt, angeklebtes Haar, ziemlich erschöpft, beginnt, langsam die Motorradmontur auszuziehen, legt alles über die Stühle, setzt sich dann auf einen der Plastikstühle, lümmelt sich herum, schaut in die Weite, dann wieder auf die Kaffeetafel, langweilt sich, bis Agata erscheint; er ist der Autor. Agata in schwarzem Kleid noch von weitem.

Verwirrt blickt der Mann Agata an.

war das alles gar nicht nötig gewesen. Da sind ein bisschen die Pferde mit dir durchgegangen. Meinst du nicht auch?

Der Autor nimmt vorsichtig einen ersten Schluck Bier, trinkt dann in immer größeren Zügen.

**Pedersen:** Ich sag doch, du musst Durst haben.

**Autor:** Du warst nicht nur dabei, Pedersen. Du warst damals mächtig genug, dagegen etwas zu unternehmen. Hast du aber nicht. Hast damals mit deinem Schwager Boye in der ersten Reihe gestanden und dem Ganzen fasziniert zugesehen.

Pedersen setzt sich neben den Autor.

**Pedersen:** Ja, da muss ich dir Recht geben. Ich weiß auch nicht, warum ich nichts gemacht habe. Hatte dann ein schlechtes Gewissen und später Agata bei mir eingestellt.

**Autor:** Ich hatte auch irgendwie ein schlechtes Gewissen.

**Pedersen:** Tatsächlich?

Autor nickt.

**Pedersen:** Aber die Hinrichtung allein hätte Agata gar nicht so sehr geschadet. Weißt du das?

Autor reagiert nicht. Beide trinken.

**Pedersen:** Auf zwei Dinge hätte man verzichten sollen.

Pedersen macht eine Pause. Autor reagiert nicht.

**Pedersen:** Auf die Unterstellung, sie hätte was mit anderen Männern gehabt, und zwar immer dann, wenn Pauls draußen auf dem Fluss war. Und auf die Unterstellung, Agata wäre im Bund gestanden mit fremden Mächten. Damit kann man hier auf dem Lande nicht sehr gut leben. Das erschwert vieles. Und das hat ihr dann ja auch, na ja, irgendwie den Hals gekostet.

Bei den letzten Worten beginnt Pedersen in die Ferne zu starren. Der Autor versucht zu erkennen, was Pedersen in der Ferne sieht. Dann erkennt er es. Er sieht die Sonne und den Mond nebeneinander über dem Land stehen. Doch dann sieht er es auch wieder nicht.

**Autor:** Ach, Pedersen.

Doch Pedersen ist nun erstarrt. Der Autor leert sein Glas und hält Ausschau nach Agata.

**Autor:** Mensch, Pedersen. Sie lebt doch gar nicht mehr. Ich meine, ein Mensch, dem der Kopf abgeschlagen wurde, der braucht sich doch um das Gerede nicht mehr zu kümmern. Sie ist tot. Was soll's also noch.

Petersen löst sich wieder aus seiner Erstarrung und legt dem Autor väterlich seinen Arm auf die Schultern, drückt sich dann aber daran hoch. Das schmerzt immer noch.

**Pedersen:** Da willst du es dir aber sehr leicht machen. Gut, dafür bekommst du auch deine Apfelschorle nicht. Ich will mal sehen, ob Agata uns wenigstens noch zwei Bier zapft.

Der Autor will protestieren, doch wieder ist Pedersen schnell verschwunden. Ein Hund kommt die Warft hinaufgelaufen.

**Autor:** Bootsmann!

Doch der Hund hat überhaupt keine Zeit. Er hat nur kurz herübergeblickt. Er sah auch nur so ähnlich aus wie ein Hund. Dr. Helmer nähert sich. Er trägt zwei große Gläser mit Bier. Der Autor stöhnt laut.

**Helmer:** Was ist das denn für eine Begrüßung?

**Autor:** Dr. Helmer! Sie habe ich hier gar nicht erwartet.

Der Autor erhebt sich. Helmer, bald 60 Jahre alt, ist sehr korrekt gekleidet. Zu seinem sauberen Sommeranzug trägt er eine zitronengelbe Krawatte. Auf sein weißes Haar hat er eine sommerliche Schirmmütze gesetzt. Er ist frisch rasiert und duftet. Äußerlich passt er nicht zum Autor. Helmer nimmt zwei Bierdeckel und stellt die Gläser ordentlich neben den Autor. Beide Männer drücken sich kräftig die Hand und schauen sich aufmerksam in die Augen.

**Helmer:** Wieso haben Sie mich nicht erwartet? Ich gehöre doch quasi zu Ihrer Familie.

**Autor:** Ich denke, dass Sie immer sehr beschäftigt sind.

**Helmer:** Dann denken Sie das doch einfach nicht.

**Autor:** Ein wirklich passender Vorschlag.

Beide lachen ein wenig zu laut.

**Helmer:** Dennoch, mein Lieber, auch Politik braucht Freizeit. Politik braucht Geselligkeit und das auch außerhalb der Kreise der Parteifreunde. Warum? Was denkt der Wähler, der einfache Mann, die einfache Frau auf der Straße? Viele von uns wissen das eigentlich gar nicht mehr bei all den Sitzungen, Reisen, bei all der Schreibtischarbeit. Aber das zu wissen, mein Lieber, das ist das A und O einer richtigen Politik, die vom Volk dann angenommen wird und die natürlich auch bei der nächsten Wahl goutiert wird.

Der Autor beginnt sich zu langweilen, setzt sich und nimmt das neue Bier.

**Autor:** Ja, das stimmt. Und wo sind Marin und Sieke?

Helmer lächelt selbstsicher.

**Helmer:** Sie kommen, mein Lieber, und da sind sie auch schon.

Ein schwerer, blauer Mercedes nähert sich der Warft.

**Helmer:** Mein Dienstwagen.

Marin parkt dicht neben der Kaffeetafel und öffnet gleichzeitig mit ihrer Mutter die Wagentür. Zwei Frauen, fast gleich aussehend. Nur, Sieke hat schneeweißes Haar, dies aber wie Marin zu einem Kranz geflochten. Beide tragen das gleiche Sommerkleid. Marin stürmt auf den Autor zu und fällt ihm in die Arme, während er noch sitzt und dabei Bier verschüttet. Gegen die Last ihres Körpers versucht er aufzustehen. Alles ist chaotisch. Der Stuhl des Autors fällt nun auch noch um. Jetzt muss er sich wirklich aufstellen, um nicht mit Marin und dem Bier in der Hand auf den Tisch zu stürzen. Endlich löst sie sich von ihm und fällt Dr. Helmer in die Arme, wenn auch nicht so stürmisch. Sieke tritt an den Autor heran, legt ihre Hände auf seine beiden Schultern – sie ist weitaus größer als er – und sieht ihn durchdringend an.

**Sieke:** Sie hatten es mir versprochen.

**Autor:** Ich denke, er wird kommen.

**Marin:** Wer? Boye? Bendix? Lorenz?

Sieke lässt den Autor nicht aus den Augen und die Hände nicht von seinen Schultern.

**Sieke:** Jasper Jaspersen.

**Marin:** Ach? Wie geht es dem denn?

Beide sehen den Autor an.

**Autor:** Gut, sehr gut. Er hat sich einen kleinen Hof an der dänischen Ostsee gekauft und bietet Sommerurlaubern dort Ferienwohnungen an.

**Marin:** Wie schön. Da könnten wir doch mal einige Tage Urlaub machen. Alle zusammen vielleicht.

**Autor:** Jaspersen ist lange im Voraus ausgebucht. Er hat im Sommer natürlich auch wenig Zeit. Muss sich da um alles kümmern ...

**Sieke:** Aber er kommt.

**Autor:** Soweit ich weiß ...

Sieke nimmt langsam die Hände von den Schultern des Autors, hält ihn aber noch einige Zeit im Blick.

**Helmer:** Und was ist mit Willem und Jakob?

**Marin:** Die müssen gleich kommen. Wir haben sie überholt.

**Sieke:** Du hättest sie fast umgefahren, Kind.

**Marin:** Sie gingen mitten auf der Straße, Mama.

**Sieke:** Die Straße verläuft kilometerweit geradeaus, Kind. Du hast sie zuvor schon minutenlang gesehen

**Marin:** Sie mich aber auch, Mama.

Alle setzen sich.

**Autor:** Ist denn etwas geschehen.

Er zeigt aber wenig Interesse an einer Antwort.

**Helmer:** I wo!

Aber Helmer hatte die Sache eigentlich gar nicht verfolgen können.

Autor heuchelt

**Autor:** Da bin ich aber erleichtert.

**Marin:** Ich auch.

Plötzlich steht Agata mit einem Tablett randgefüllter Schnapsgläser neben dem Autor. Auf der anderen Hand trägt sie ein Tablett Mandelkuchen und reicht es dem Autor, der sich daran sofort die Finger verbrennt.

**Agata:** Worüber bist du erleichtert.

**Autor:** Dass Marin Willem und Jakob nicht umgefahren hat.

**Agata:** Hätte sie denn sollen?

**Autor:** Aber nein.

**Agata:** Wieso bist du dann erleichtert?

Der Autor hebt resigniert die Arme und blickt in die Runde. Doch niemand beachtet ihn. Alle erhalten ein Schnapsglas, nur er nicht. Stattdessen trifft ihn ein unerträglicher Blick von Agata.Er wendet sich nochmals an sie.

**Autor:** Was ist denn mit dir, Agata?

Der Autor erhebt sich und geht einige Schritte auf Agata zu. Alle blicken nun zu den beiden. Der Autor wendet sich an Agata, um sich zu rechtfertigen.

**Autor:** Die Allchemie, der Aberglaube sind unter anderem Erinnerungssymbole für das dunkle Mittelalter, ebenso die Hexenunterstellung. Das stand im Gegensatz zur modernen Welt, die durch die Erforschung der Naturgesetze, ihrer Anwendung in einer aufgeklärten Gesellschaft ...

Der Autor verliert den Faden.

**Autor:** ... eine davon geprägte Zeit also ...

Der Satz wird unsinnig.

**Autor:** ... im Gegensatz zu einer Zeit, also ein Umbruch, in der man noch an Hexen glaubte, wenige noch in diesem Umbruch, wo man immer noch Angst vor dem bösen Blick hatte ...

Mittlerweile ist der Zusammenhang komplett verloren gegangen. Trotzdem.

Zum Glück nun der Schluss.

**Autor:** Die Zeit der beginnenden Fabrikarbeit, also der langsamen Industrialisierung, zunächst mal Manufakturen, anfänglich besonders in England, war ihr darin der Sinn verloren gegangen.

**Autor:** Agata, du warst die Letzte, die noch geköpft werden musste.

Ohne Pause antwortet Agata auf Teile des Gesagten bezogen.

**Agata:** Du glaubst also ernsthaft, heute gäbe es den bösen Blick nicht mehr?

Doch ohne eine Antwort abzuwarten, wendet sie sich dem Haus zu und geht schnell davon. Der Autor steht unbeholfen herum. Alle starren ihn an. Keiner hat so recht verstanden, was gerade vorgefallen war. Da hilft Dr. Helmer aus der Situation.

**Helmer:** Diese Erklärung gefällt, mein Lieber. Warum?

Marin schneidet den Mandelkuchen an, und Sieke schenkt Kaffee ein. Helmer ist aufgestanden und führt den Autor auf seinen Platz zurück.

**Helmer:** Erinnern Sie sich noch an die Krebse, die sich eines Tages unvermutet auf dem Marktplatz tummelten?

Der Autor nickt verständnislos.

**Helmer:** Oder an die Nacht, als der Hafen und der gesamte Fluss ohne Wasser dalagen, obwohl sich damals die Ebbe schon längst wieder hätte mit der Flut ablösen müssen?

**Marin:** Oder an die nebligen Tage, als die wilden Gänse zu Tausenden die Stadt belagerten und alles, wirklich alles fraßen – und wir sie auch?

**Autor:** Ja, ich erinnere mich schwach.

**Helmer:** Alles unwissenschaftlich. Warum? Alles Fantasie und Aberglaube. Wie Agata, Symbole der alten Zeit.

**Autor:** Ich weiß nicht …

**Helmer:** Und auf der anderen Seite der Kampf unserer Jugend, ihre Erhebung gegen Dänemark, unser deutsches Aufbegehren gegen die Unterdrückung dieses kleinen Königreiches. Warum? Unser Wunsch, deutsch zu sein, ein großes Deutschland unter Führung eines deutschen Kaisers aufzubauen, ein Land, das so stark werden sollte wie die Industrie, die sich in ihm entwickelte. Ohne Grenzen zwischen deutsch und deutsch. Ohne Zölle zwischen deutschen Ländern. Das, mein Lieber, war im Gegensatz die moderne Zeit, die Zeit unseres deutschen Erstarkens.

**Marin:** Möchtest du Kuchen?

Ohne zu zögern.

**Helmer:** Gern, meine Liebe.

Wieder an die anderen.

**Helmer:** Das ist doch das symbolische Paar, das ist der Gegensatz, der Kampf zwischen dem Starken Sein und dem schwachen Vergänglichen.

**Autor:** Ich weiß nicht ...

**Helmer:** Aber, mein Bester, wer, wenn nicht Sie, hat darüber nachgedacht.

**Sieke:** Ja, Sie müssen das doch am besten wissen. Wir doch nicht.

Alle beginnen zu essen. Sieke spricht zu Marin.

**Sieke:** Weißt du, dass Gesche jetzt eine Galeristin in Kopenhagen gefunden hat.

**Marin:** Das ist ja eine tolle Nachricht.

**Sieke:** Simon und sie sind ständig unterwegs, um neue Ausstellungen aufzubauen. Sie hat in Kopenhagen und in Sonderho ausgestellt und soll demnächst sogar eine Sonderausstellung in Louisiana haben. Und Jaspersen sammelt ja auch weiter. Und Jakob ohnehin.

**Autor:** Ich auch.

Alle wenden sich an den Autor.

**Helmer:** Wo bleibt eigentlich Pedersen?

**Sieke:** Willem und Jakob müssten doch auch schon hier sein.

Alle – außer dem Autor - essen weiterhin und trinken ihren Kaffee. Eine kurze Stille macht

**Marin:** Keine Ahnung. Ich habe sie jedenfalls nicht angefahren.

**Autor:** Nein, haben Sie nicht, Marin.

**Marin:** Ich habe sie nicht einmal berührt.

**Autor:** Stimmt.

sich breit. Plötzlich hört man den Autor.

**Autor:** Es ging mir eher um den Nationalismus.

Niemand reagiert. Nur Sieke schaut kurz zu ihm hinüber. Dann murmelt Helmer.

**Helmer:** Verstehe ich nicht.

**Autor:** Ich wollte aufzeigen, wie sich der Nationalismus entwickeln konnte, wie er alles zerriss, was einmal zusammengehörte. Freundschaften, Familien, Lebensträume.

**Helmer:** Ach so.

Wieder ist es still. Für den Autor unerträglich. Deshalb erscheint Petersen endlich. Rotes Gesicht. Völlig verschwitzt.

**Pedersen:** Ihr habt ja schon angefangen.

Pedersen setzt sich zwischen Helmer und den Autor. Sieke schenkt ihrem Vater Kaffee ein. Pedersen nimmt sich das größte Stück Mandelkuchen. Er ist älter als hundert Jahre.

Pedersen ruft dem Autor zu.

**Pedersen:** Nach Ihrer Rechnung älter als zweihundert. Wie alt sind Sie eigentlich.

Der Autor rechnet einen Augenblick nach.

**Autor:** Bald fünfzig.

**Pedersen:** Bravo. Als ich in dem Alter war, habe ich für Sie noch gar nicht existiert. Darauf trinken wir.

Pedersen steht auf. Alle erheben sich. Mühsam steht auch der Autor auf. Alle haben ein Glas

Schnaps in der Hand. Erstaunlich - jetzt auch der Autor. Auch Agata steht plötzlich mit einem Schnaps da.

**Pedersen:** Auf uns. Auf dass wir noch lange leben.

**Helmer:** Tyskland skal leve!

**Sieke:** Danmark skal leve!

Alle rufen die letzten beiden Trinksprüche durcheinander. Dann trinken sie. Noch einmal sind die Gläser plötzlich wieder gefüllt, und alles wiederholt sich. Schließlich noch ein drittes Mal. Alle setzen sich wieder. Der Autor wendet sich an Pedersen.

**Autor:** Da hatten Sie für mich schon existiert, Pedersen.

**Pedersen:** Was?

**Autor:** Mit fünfzig.

**Pedersen:** Kann mich nicht erinnern, dass sie darüber geschrieben haben. Aber – entschuldigen Sie – ich muss noch mal telefonieren. Es gibt Ärger mit Jasper Jaspersen.

Sieke erhebt sich und blickt den Autor vorwurfsvoll an.

**Sieke:** Nein! Was ist denn jetzt schon wieder.

**Pedersen:** Er ist auf dem Weg hierher ins Rathaus reingeplatzt und hat dort wirres Zeug geredet.

Sieke schaut immer noch auf den Autor, der so tut, als geschehe das nicht.

**Sieke:** Was für wirres Zeug?

**Pedersen:** Irgendwas über Dokumente, die er haben wollte. Er hat behauptet, diese Dokumente würden ihm gehören. Er muss wirklich einen großen Aufstand gemacht haben.

Helmer mischt sich ein. Dieses Mal eher ängstlich.

**Helmer:** Ein Aufstand? Wieso ein Aufstand?

**Pedersen:** Nein, kein richtiger Aufstand. Jaspersen ist wohl etwas ausfallend geworden.

Sieke an den Autor.

**Sieke:** So!

**Pedersen:** Er hat da ein wenig herumgeschrien, einen Stuhl zertrümmert, Akten herumgeworfen. Man musste dann Backe Tetens rufen. Der hat ihn nun in Polizeigewahrsam genommen.

Sieke immer noch an den Autor.

**Sieke:** In Polizeigewahrsam? Das geht zu weit.

Der Autor ist mit dem Mandelkuchen beschäftigt.

**Pedersen:** Aber ich habe für Jaspersen gebürgt. Jetzt wird er wohl hergebracht werden.

Sieke an den Autor.

**Sieke:** Na, Gott sei Dank!

Pedersen geht ins Haus.

**Autor:** Gott?

**Marin:** Warum wolltest du Jaspersen nur hier haben, Mutter. Ein so schöner Nachmittag. Immer macht er Ärger.

Nun mischt sich auch Helmer ein.

**Helmer:** Der hätte in seinem Jütland bleiben sollen. Hat es dort oben doch über viele Jahre ausgehalten. Und Ruhe war. Kaum ist er wieder in der Stadt, gibt es Ärger. Warum? Trau, schau wem, bloß keen Schwed und Dän.

**Autor:** Sie haben Johannes Fock nicht kennengelernt. Der war Schwede.

**Sieke:** Der konnte singen, wenn ich noch daran denke. Aber er war kein Schwede. Er kannte aber die Gedichte von Bellmann.

**Autor:** Stimmt. Bellmann war Schwede.

**Helmer:** Na, man sagt ja nur so. Trau, schau wem.

**Autor:** Trau, schau wen. Wen heißt es.

**Helmer:** Tatsächlich?

**Marin:** Ich möchte nicht wissen, was geschieht, wenn Jaspersen hier mit Willem zusammenstößt.

Helmer im vertrauensvollen Ton an den Autor.

**Helmer:** Lässt sich da nicht etwas machen? Es ist doch so friedlich hier.

**Autor:** Ich verstehe jetzt nicht.

Helmer sieht den Autor etwas brüskiert an.

**Helmer:** Ich meine, lässt es sich nicht arrangieren, dass sich Willem und Jaspersen nicht begegnen? Des lieben Friedens willen.

Der Autor wirft die Arme hoch, auch wenn niemand versteht, weshalb.

**Autor:** Wie soll das zu bewerkstelligen sein, Herr Dr. Helmer. Alle sind auf dem Weg hierher.

Nach einer Weile fügt er hinzu (und hält das für humorvoll).

**Autor:** Vielleicht könnte Agata uns ja auf ihre Weise helfen.

Helmer scheint ein wenig verärgert und warnt den Autor.

**Helmer:** Führen Sie uns nicht hinters Licht!

Pedersen kommt gemeinsam mit Agata. Sie hält ein großes Glas Bier in der Hand und stellt es neben den Autor.

**Autor:** Ich muss noch fahren!

**Marin:** Wir nehmen Sie mit.

**Autor:** Wohin?

Keine Antwort.

**Autor:** Und mein Motorrad?

Niemand beachtet ihn, denn ein VW-Bulli mit Blaulicht rast auf die Warft zu.

**Pedersen:** Das ist Jaspersens Auftritt.

Dann wendet er sich an den Autor.

**Pedersen:** Sehr effektvoll.

Der Autor schüttelt den Kopf.

Backe Tetens springt in grüner Uniform dynamisch aus dem Wagen, läuft um den Bulli herum und öffnet Jaspersen die Schiebetür. Immer noch blinkt das Blaulicht. Beide Männer brüllen sich im breitesten Dänisch etwas zu, denn die Schiebetür klemmt.

**Marin:** Können Dänen hier Polizisten werden?

**Sieke:** Hör auf damit, Marin.

Helmer beginnt wieder zu dozieren.

**Helmer:** Die dänische Minderheit hat bei uns jedes Recht wie ein Deutscher. Warum? Es geht noch weiter! Sie sind Deutsche. Und als Minderheit sind sie sogar geschützt. Das ist Verfassungsrecht und - sagen wir mal – historisch begründet.

Etwas säuerlich fügt er hinzu.

**Helmer:** Ihre politische Partei braucht sich nicht einmal an die 5%-Hürde zu halten.

Endlich öffnet sich die Schiebetür und Jaspersen entsteigt etwas umständlich dem Bus. Sieke lächelt dem Autor zu. Jaspersen sieht trotz seines sehr hohen Alters immer noch jugendlich aus, hat eine schlaksige Figur, trägt einen dicken, wollenden Anzug mit Weste und einer Krawatte mit einem alten, sehr großen Knoten. Sein dünnes, immer noch blondes Haar fällt ihm auf die Schultern. Als sei er immer noch mit Backe Tetens allein, spricht er weiterhin mit ihm dänisch. Helmer erhebt sich als erster, schreitet würdevoll auf Jaspersen zu und ruft ihm entgegen:

**Helmer:** Haben Sie Ihr Deutsch vergessen, Herr Apotheker.

**Jaspersen:** Spricht man hier etwa kein Dänisch mehr?

Beide Männer lachen laut und geben sich die Hand.

**Jaspersen:** Von Ihnen hört man jetzt ja sogar schon in Dänemark, Herr Dr. Helmer. Sie sind ein bedeutsamer Landespolitiker geworden.

**Helmer:** In der Opposition! In der Opposition! Dank der dänischen Minderheitspartei.

Inzwischen haben beide den Tisch erreicht. Pedersen presst die Hand des Apothekers zusammen. Der hat schon längst Marin erkannt und sie genauso bewundernd angeschaut wie vor vielen Jahren, als sie von ihm Morphium erbettelte. Dann wendet er sich an Sieke, der Tränen in den Augen stehen.

**Sieke:** Vielen Dank, dass sie doch noch gekommen sind, Herr Jaspersen.

**Jaspersen:** Seit Jahren war es mein Wunsch, Sie und dieses schöne Land einmal wieder zu sehen.

Helmer mischt sich ein.

**Helmer:** Sie erinnern sich sicherlich noch an Marin.

**Jaspersen:** Ich erinnere mich an alle und an alles.

Er wendet sich Pedersen zu.

**Jaspersen:** Und Sie, Herr Pedersen, haben sogar für mich gebürgt. Respekt.

**Pedersen:** Das war doch selbstverständlich.

**Jaspersen:** Nach allem, was vorgefallen ist, war es das nicht.

**Pedersen:** Das ist Schnee von gestern und hat mit uns nichts zu tun. Darf ich Ihnen in diesem Zusammenhang unseren Autor vorstellen, der sich dieses kleine Zusammentreffen so sehr gewünscht hat.

Der Autor erhebt sich etwas ungeschickt und weiß eigentlich nicht, ob er dem alten Apotheker die Hand hinstrecken soll. Jaspersen begrüßt ihn kühl und bringt den Autor wieder zum Setzen.

**Jaspersen:** Guten Tag. Sie sind das also.

Sieke erfasst die Situation sofort:

**Sieke:** Herr Jaspersen, ihm haben wir es zu verdanken, dass wir hier heute zusammentreffen.

**Jaspersen:** Ihm? Ihm habe ich persönlich überhaupt nichts zu verdanken.

Nach einer Pause blickt er auf die noch leeren Stühle.

**Jaspersen:** Erwarten wir noch jemanden?

**Helmer:** Jakob.

Er blickt verstohlen zum Autor, der aber die Schultern hebt.

**Helmer:** Und vielleicht noch Willem.

Sieke blickt den Autor und Marin an.

**Sieke:** Ich hoffe, den beiden ist nichts geschehen.

**Autor:** Mir ist nichts bekannt.

Immer noch steht Backe Tetens herum. Immer noch blinkt das Blaulicht. Und Tetens kann seinen Blick nicht vom Autor lösen. Der Autor bemerkt es und versucht es zu ignorieren.

**Pedersen:** Setzen wir uns doch alle. Herr Tetens, möchten Sie sich nicht auch zu uns setzen. Sie haben im gewissen Sinne ja auch viel mit der Angelegenheit zu tun.

Tetens reagiert nicht. Seitdem er erfahren hat, dass der Autor anwesend ist, muss er ihn anstarren. Zwanghaft.

Jaspersen brüllt mir einem Mal auf Dänisch.

**Jaspersen:** Glotz nicht so rum, Tetens. Du sollst dich setzen.

Backe Tetens reagiert verzögert. Der Autor ist erleichtert.

**Tetens:** Nee, ich muss wieder. Bin allein auf Station.

**Pedersen:** Gut, dann setzt du dich eben nicht. Bist jedenfalls eingeladen. Aber wenn du Willem und Jakob unterwegs siehst, dann pack sie doch in deinen Bulli und bring sie her. Wir warten auf sie.

Tetens immer noch konfus.

**Tetens:** Alles klar!

Tetens geht wieder zurück zu seinem Bulli und will einsteigen. Dann dreht er sich noch einmal um und ruft Pedersen zu.

**Tetens:** Und das mit dem Bürgen, das geht doch auch klar, oder?

Der Autor nickt.

**Pedersen:** Geht klar!

Tetens braust davon. Jaspersen ist versorgt worden. Alle essen und trinken schweigend, bis Pedersen mit einem langen Blick auf den Autor und einem lauten Räuspern die Stille durchbricht.

**Pedersen:** Also in medias res.

Der Autor scheint überrascht zu sein, erhebt sich, findet aber nur langsam Worte. Alle schauen ihn erwartungsvoll an.

**Autor:** Eigentlich wollte ja Sieke dieses Treffen. Nein. Also ich meine, wir sind hier zusammengekommen, damit sich alle mal aussprechen können. Also einige fehlen ja auch. Anders ist auf einer Kur. Für Lorenz und Brodine war der Weg aus Amerika zu lang. Bendix haben wir nicht erreichen können. Einige andere auch nicht. Nonne Fynn zum Beispiel. Simon und Gesche bereiten eine Ausstellung vor. Wieglinde wollte nicht kommen. Arft Smid, weiß nicht, was war eigentlich mit dem? Und der Stumme Klus …

**Sieke:** Aber vielleicht warten wir noch auf Willem und Jakob.

Der Autor setzt sich wieder.

Helmer wendet sich an den Autor.

**Helmer:** Entschuldigen Sie. Aber Sie sagten, alle sollten sich mal miteinander aussprechen können. Schließen Sie sich da ein oder aus?

**Autor:** Ich? Nein. Ich habe da eigentlich nichts zu klären.

**Jaspersen:** Sie haben mit uns nichts zu klären? Habe ich das richtig verstanden?

**Autor:** Ich denke schon.

**Jaspersen:** Und was ist mit meiner Apotheke? Wo ist die überhaupt geblieben? Ich war in der Stadt und habe sie überhaupt nicht gesehen. Auch keine Reste davon.

**Autor:** Was habe ich denn damit zu tun?

**Jaspersen:** Werden sie nicht unverschämt! Ich war heute im Rathaus und wollte meine alte Besitzurkunde einsehen. Die gibt es dort gar nicht.

Der Autor versucht zu unterbrechen.

**Jaspersen:** In den Archiven lässt sich angeblich nichts finden. Als hätte ich niemals in dieser Stadt gelebt.

**Autor:** Aber...

**Jaspersen:** Da soll es nichts zu klären geben? Ich habe jede Menge mit Ihnen zu klären. Meine Apotheke ist abgebrannt, mein Herr. Aber wer hat sie angesteckt?

**Autor:** Das weiß ich doch nicht. Das müssen sie mit Backe Tetens besprechen.

**Jaspersen:** Die Angelegenheit ist offensichtlich niemals untersucht worden. Warum denn nicht?

**Helmer:** Warum?

**Jaspersen:** Oder will irgendjemand behaupten, meine Apotheke sei niemals abgebrannt. Will irgendjemand behaupten, ich sei aus dieser Stadt niemals vertrieben worden.

Wendet sich direkt an den Autor.

**Jaspersen:** Wollen Sie das behaupten?

**Autor:** Nein.

**Jaspersen:** Na also. Ich persönlich vermute übrigens, dass Willem damals meine Eingangstür in Brand gesteckt hat. Das ist, meine liebe Sieke, natürlich nur eine Vermutung. Aber vieles spricht dafür. Nun erwarte ich aber eine Klärung von diesem jungen Mann dort, der behauptet, es gebe mit ihm nichts zu klären.

Sieke weint leise und kann nur sehr schwer sprechen.

**Sieke:** Herr Jaspersen, mir tut das alles sehr leid. Das hatte ich Ihnen damals auch nach Jütland geschrieben. Es tut mir alles unendlich leid. Wie konnte alles nur so kommen? Viele Jahre haben wir doch friedlich miteinander gelebt. Und dann entwickelt sich alles so plötzlich. Was haben wir nur falsch gemacht?

**Jaspersen:** Liebe Frau Deletre, wir haben nichts falsch gemacht. Wenn aus Freunden Feinde werden, dann ist eine dritte Macht im Spiel. Und die sitzt dort.

Er zeigt auf den Autor.

**Autor:** Na, nun hören Sie mal auf, Herr Apotheker. Glauben Sie im Ernst, dass ich über solch einen Einfluss verfüge? Das ist doch alles Unsinn.

**Jaspersen:** Genau das wäre hier und heute zu klären, junger Mann. Wofür sind Sie verantwortlich und wofür nicht. Das ist meine Frage.

**Sieke:** Ja, und was haben wir nur falsch gemacht?

Jaspersen etwas versöhnlicher.

**Jaspersen:** So genau weiß ich das auch nicht, Frau Deletre. Das alles war sehr traurig, und vieles wäre nun wirklich nicht nötig gewesen.

Der Autor erhält von Jaspersen einen scharfen Seitenblick.

**Jaspersen:** Ich möchte Ihnen bei dieser Gelegenheit auch einmal versichern, Frau Deletre, wie bestürzt ich über die Morphiumsucht Ihres Sohnes Anders und Ihres Vaters war. Ich habe damals – glauben Sie mir das bitte – wirklich nicht gewusst, welche Wirkungen bei kurzzeitiger Einnahme von Morphium auftreten können. Es gab darüber noch keinerlei Erkenntnisse. Sicherlich stand der Tod Ihres Vaters im direkten Zusammenhang damit.

Jaspersen stockt.

**Jaspersen:** Aber andererseits, Herr Pedersen, Sie leben ja.

**Autor:** Er hat die Sucht bekämpft und überstanden.

Die Faust des Apothekers fällt auf die Kaffeetafel.

Nach einer Pause wendet er sich an den Autor.

**Jaspersen:** Unsinn! Pedersen ist gestorben und begraben worden. Das weiß hier doch ein jeder. Nichts dass ich es Ihnen nicht gönne, Herr Pedersen. Aber es muss ja wohl nach gleichen Regeln vorgegangen werden.

**Jaspersen:** Das geht also! Und was ist dann mit meiner Apotheke?

Im gleichen Moment erscheint Agata. Jaspersen blickt sie entgeistert an und ruft mit sich überschlagender Stimme.

**Jaspersen:** Gleich zwei Tote! Und nun leben sie wieder. Was sind das für Streiche? Was wird hier gespielt?

Langsam erhebt Jaspersen sich und geht auf den Autor zu. Der erwartet nun das Schlimmste. Doch der Apotheker kommt kurz vor dem Stuhl zum Stehen. Er spricht leise und dennoch sehr aggressiv.

**Jaspersen:** Geben Sie mir meine Apotheke zurück, meine Hölle, meine Bücher und meine Bilder.

**Marin:** Die Bilder hat Jakob.

Sieke bringt ihre Tochter zur Ruhe. Jaspersen bleibt drohend vor dem Autor stehen.

**Jaspersen:** Geben Sie mir das alles zurück. Unverzüglich.

Der Autor nimmt allen Mut zusammen.

**Autor:** Das kann ich nicht.

**Jaspersen:** Machen Sie es rückgängig.

**Autor:** Es ist alles aufgeschrieben, gedruckt, gelesen. Das kann man nicht rückgängig machen.

**Helmer:** Da hat er Recht.

**Pedersen:** Ja, da hat er Recht.

**Marin:** Stimmt.

Der Autor spürt Oberwasser und richtet sich auf.

**Autor:** Jaspersen, Sie haben niemals eine Apotheke besessen. Auch keine Hölle. Keine Bücher. Keine Bilder.

Jaspersen scheint mit dieser Bemerkung zum Schweigen gebracht worden zu sein. Entsetzt sieht er dem Autor in die Augen. Dann weicht er ein wenig zurück. Die anderen essen und trinken nicht weiter. Jeder schweigt. Der Autor überlegt. Zunächst ergreift Marin das Wort. Anschließend reden alle durcheinander. Der Autor gewinnt Zeit.

**Marin:** Natürlich hat er Bilder besessen. Die Bilder meiner Schwester. Die hat jetzt Jakob.

**Helmer:** Das ist die Folge eines ungebremsten Alkoholkonsums.

**Pedersen:** So dürfen Sie nicht mit uns sprechen. Das verbiete ich Ihnen.

**Marin:** Hier lügt jemand.

**Agata:** Sag ich doch.

**Marin:** Der Mann ist betrunken.

**Sieke:** Marin, nimm dich zusammen.

**Marin:** Betrunken. Und das bei einem Autor.

**Helmer:** Wiederholen Sie das doch bitte noch einmal.

**Pedersen:** Quatsch. Wiederholen.

**Jaspersen:** Ich fasse es nicht.

**Sieke:** Beruhigen Sie sich, Herr Jaspersen. Wir alle kennen doch Ihre Apotheke.

**Helmer:** Stimmt.

Der Autor leidet ein wenig unter der Unruhe. Er hat nicht damit gerechnet, dass sich alle in so kurzer Zeit gegen ihn stellen würden. Zur eigenen Sicherheit beschließt er kurz, Willem und Jakob weiterhin auf der Landstraße spazieren zu lassen. Ohne zu wissen, wie es weitergehen kann, ruft er in die Runde.

Das war schon unüberlegt, doch im nächsten Satz lügt der Autor sogar.

**Autor:** Bitte, beruhigen Sie sich doch, meine Damen und Herren. Ich kann die Angelegenheit sofort für Sie aufklären. Bitte, geben Sie mir die Möglichkeit. Ich bitte Sie!

**Autor:** Es ist wirklich alles sehr leicht zu verstehen.

**Helmer:** Da bin ich aber mal gespannt.

**Marin:** Wirklich betrunken. Das müssten Willem und Jakob jetzt mal sehen.

**Sieke:** Marin!

**Agata:** Möchte noch jemand Kaffee?

Niemand reagiert auf Agata. Alle warten auf die kommenden Unverschämtheiten des Autors, der noch immer nach einem passenden Satz sucht. Dann kommt ein Satz.

**Autor:** Alles das ist doch nur von mir geschrieben worden.

Das reicht nicht aus. Das ist ja schon bekannt.

**Autor:** Ich habe mir diese gesamte Geschichte doch nur ausgedacht und in drei Wintern aufgeschrieben.

**Helmer:** Wie jetzt?

Es reicht also immer noch nicht aus. Deshalb jetzt.

**Autor:** Diese Apotheke zum Beispiel ist nur das Produkt meiner Fantasie.

**Jaspersen:** Ha!

**Marin:** Was meint er jetzt damit?

Die Antwort scheint immer noch nicht zu befriedigen. Aber mehr fällt dem Autor nun auch nicht ein. Eine äußerst peinliche Situation ist entstanden. Alle schauen den Autor an, bis nun gerade Jaspersen ihn zu erlösen scheint.

**Jaspersen:** Gut, nehmen wir also mal an, meine Apotheke habe niemals existiert. Wir können uns ja einmal auf Ihr Spiel einlassen, wenn es mir auch sehr kindisch vorkommt. Nehmen wir das also einmal an, obwohl es natürlich völliger Blödsinn ist. Aber folgen wir dem einmal ...

**Marin:** Wieso denn?

**Jaspersen:** Nein, nein. Folgen wir dem Gedanken einmal. Ich frage mich dann zum Beispiel, hat dann auch die von Ihnen beschriebene Schmiede niemals existiert? Gab es niemals die Bilder von Gesche? Gab es nie den Kanal? Niemals die CAROLINE MATHILDE oder die Dampfmaschine mit dem provozierenden Namen SCHLESWIG-HOLSTEIN?

Und nun sehrlaut.

**Jaspersen:** Gab es niemals den Dampf?

**Helmer:** Bravo, Herr Jaspersen.

Der Autor weiß, wie schwierig die Antwort nun ausfallen wird und dass diese Antwort vielleicht auch keine Akzeptanz finden wird.

**Autor:** Nein!

**Jaspersen:** Nein, was? Es gab nie den Dampf?

**Autor:** Doch.

**Jaspersen:** Was nein? Was doch?

**Helmer:** Was nein? Was doch?

Bevor ein erneutes Durcheinander entsteht, ergreift Jaspersen wieder das Wort.

**Jaspersen:** Sie müssen sich schon entscheiden. Stehen auch die Siege unseres Königreiches, wie die der Deutschen oder der Österreicher in Frage, mein Herr? Oder stellen Sie in Frage, was Ihnen gerade so passt?

Helmer mahnt den Autor.

**Helmer:** Achten Sie nun genau darauf, was sie antworten werden.

Jaspersen wieder sehr laut.

**Jaspersen:** Gab es die Siege, gab es unsere jungen Helden etwa nicht?

**Autor:** Nein.

**Jaspersen:** Was, nein? Nein, ja oder nein, nein?

**Marin:** Es tut mir leid. Ich kann da jetzt nicht mehr folgen.

**Sieke:** Hör genau hin, Kind.

**Helmer:** Vielleicht eher die doppelte Verneinung. Er meint eventuell, es habe Helden wie unseren Anders doch gegeben.

Doch Jaspersens Gesicht ist inzwischen rot angelaufen. Er schreit.

**Jaspersen:** Helden oder Nicht-Helden?

**Autor:** Es gab die Kriege, die Siege und die Niederlagen.

Große Erlösung. Pedersen klopft Helmer auf die Schulter. Sieke ergreift die Hand von Jaspersen. Jaspersen blickt triumphierend in die Runde. Auch Pedersen ist zufrieden. Der Autor würde dies nun gern beenden. Doch er erkennt den aufkeimenden Widerspruch. Und er hat ihn zu verschärfen. Sonst hätte er erst gar nicht zu kommen brauchen. Also muss er genauer werden.

**Autor:** Der Dampf, der Kanal, die Kriege haben existiert. Natürlich, denn die Geschichte hat stattgefunden. Aber nicht die Geschichten. Entschuldigen Sie, aber Sie alle haben niemals existiert. Niemand von Ihnen.

Entsetzen. Doch nun hilft Pedersen.

**Pedersen:** Mir liegt es sehr fern, Sie zu beleidigen. Ich persönlich finde Sie sogar sehr sympathisch.

**Marin:** Na ja.

**Pedersen:** Sie stehen mir sehr nahe. Und Sie haben diese Geschichte ja auch sehr nett zusammengeschrieben. Wir alle sind Ihnen dafür dankbar.

**Jaspersen:** Das kann ich so nicht unterschreiben.

**Pedersen:** Aber es ist doch – ich muss das Wort hier einmal verwenden – verrückt zu behaupten, wir hätten niemals existiert. Sagen wir es einmal so: Die

**Agata:** Was wollen Sie mit diesen Fragen eigentlich beweisen? Dass Sie nicht übergeschnappt sind? Die Geschichte ist so wenig perfekt wie jeder göttliche Plan, manchmal ist sie nicht schlüssig, manchmal unverständlich und in die falsche Richtung gehend.

Und das nun gerade von Agata. Doch sie spricht weiter.

**Agata:** Sie maßen sich offensichtlich an, gottähnlich sein zu wollen. Welch ein Wahnsinn. Sie müssen ja richtige Probleme haben.

**Autor:** Weitaus weniger als Sie, Agata.

**Agata:** Meine Probleme sind wahrscheinlich Ihre.

**Autor:** Nur weil man sich Menschen ausdenkt, muss man nicht gleich verrückt sein oder im Verdacht stehen, sich für Gott zu halten. Ich habe nur eine Geschichte geschrieben. Wie perfekt sie auch immer ist. Aber ich habe nichts in die Wirklichkeit gebracht. Denn das tut ja ausschließlich der Allmächtige, wenn wir einmal kurz seine Existenz akzeptieren. Wären Sie hier also wirklich existent, dann müssten Sie anerkennen, dass ich allmächtig bin. Und Sie alle scheinen zu wissen, dass ich es nicht bin.

Jaspersen ist ernüchtert und frei aller Emotionen.

**Jaspersen:** Zwei Entwürfe meinerseits. Ersten: Sie haben diese Geschichte geschrieben in einem Ihnen vielleicht unbekannten Vollzug eines göttlichen Plans. Also ist sie wahr und wir sind wirklich. Zweitens: Ich fühle mich ganz einfach sehr wirklich.

**Autor:** Das Erste ist Unsinn. Und zum Zweiten: Sie fühlen sich wirklich, weil ich mir Sie in dieser gefühlten Wirklichkeit ersonnen habe. Ich hätte auch Willem und Jacob hier zulassen können.

**Marin:** Wo bleiben die beiden nur?

**Jaspersen:** Und wieso ist mein erster Einwand unsinnig?

**Autor:** Es gibt keinen göttlichen Plan. Nur eine gedachte und eine wirkliche Welt. Schluss!

**Sieke:** Und in welcher befinden wir uns denn nun. Es ist alles zu fürchterlich verwirrend.

**Agata:** Ich glaube, du fällst auf all das nur herein, Sieke.

**Autor:** Sie alle sind Ergebnis meiner Fantasie.

**Sieke:** Und was ist mit meiner eigenen Fantasie. Ist die auch in Ihrer?

**Helmer:** Das ist doch alles Kokolores. Es gibt überhaupt keinen Unterschied zwischen den Welten. Was ist denn, wenn die Menschen sich auch einen Gott bloß ausgedacht haben? In welcher Welt soll das dann geschehen sein?

**Jaspersen:** Oder Gott hat sich die Menschen nur ausgedacht. Sie sind aber nicht in einer wirklichen Welt. Dann möchte ich mal wissen, in welche Sie uns noch transformieren können.

**Sieke:** Und was wäre dann davor?

**Jaspersen:** Vor was?

**Sieke:** Bevor sich die Menschen einen Gott mit seiner ausgedachten Welt ausgedacht haben.

**Marin:** Mama!

**Autor:** Wenn ich das mal kurz unterbrechen darf. Mit Gott schweifen wir vom Thema ab.

**Marin:** Ja, eben.

**Helmer:** Nach Ihrer Theorie schweifen Sie gerade vom Thema ab, bzw., lassen uns vom Thema abschweifen.

**Autor:** Richtig erfasst, Dr. Helmer. Lassen wir Gott einfach mal draußen.

**Jaspersen:** Gut, dass Pastor Klaasen nicht dabei ist.

**Sieke:** Nur noch einmal als Einwand formuliert: Wer sagt uns eigentlich, dass die gedachte nicht auch die wirkliche Welt ist – denn sie ist ja wirklich gedacht. Und übrigens: Auch die Wirklichkeit lässt sich denken.

**Agata:** Könnte Pedersen vielleicht zurückkommen. Ich muss nachher abrechnen.

Der Autor winkt ab. Es ist schon kompliziert genug.

**Jaspersen:** Ich kann Frau Deletre sehr gut folgen, und ich möchte ihre Frage wiederholen: In welcher Wirklichkeit befinden wir uns gerade? Das kann für uns alle – auch für sie als Autor - von grundsätzlicher Bedeutung sein.

Alle murmeln Zustimmung

**Sieke:** Wenn Pedersen nicht wiederkommt, weil er es will, dann sind wir leider in der Wirklichkeit dieses Herrn hier.

**Autor:** Richtig. Sie sind nur gedacht oder besser: ausgedacht. In einen Teil meiner Wirklichkeit hineingedacht. Als Zugabe sozusagen.

**Helmer:** Nicht ungefährlich das Ganze.

**Autor:** Fragt sich nur, für wen?

**Helmer:** Auch nicht ungefährlich für sie, mein Lieber.

**Jaspersen:** Aber warum haben Sie das eigentlich getan?

Der Autor reagiert nicht.

**Jaspersen:** Sie möchten darüber jetzt wohl nicht nachdenken. Gut. Dann denken Sie sich doch, bitte schön, meine Apotheke zurück.

Agata will sich mit ihrem Problem anschließen. Auch Sieke hätte gern Willem und Jakob am Tisch. Und Pedersen soll auch noch wiederkommen. Sicherlich gibt es noch spezielle Wünsche von Dr. Helmer und Marin. Das alles überfordert den Autor.

**Autor:** Ich möchte Ihnen einen anderen Vorschlag unterbreiten, der Ihre - zugegeben – nicht leicht zu ertragende Situation erleichtert.

Der Autor blickt auf den Weg, der zur Warft führt. Win Silverstein fährt auf einer alten BMW herbei, bockt das Motorrad auf, nimmt den Helm ab und das dichte Haar fällt heraus. Sie kommt auf die Runde zu, setzt sich unaufgefordert auf den Platz von Pedersen, schenkt sich Kaffee ein und nimmt sich ein Stück Mandelkuchen. Der Autor ergreift wieder das Wort.

**Autor:** Das ist Win Silverstein. Win, Du kennst ja alle. Ihr kennt sie nicht.

Alle nicken Win zu.

**Autor:** Win ist gerade aus den USA nach Hamburg gereist, hat dort Freunde besucht und sich dieses schöne Motorrad gekauft, um damit eine Reise zu beginnen. Win kennt nicht wirklich den Grund für ihre Reise nach Deutschland. Aber das wird sich bald zeigen.

**Sieke:** Das muss sehr interessant sein für Sie, Win. Eine Überraschungsreise sozusagen.

**Marin:** Das würde ich auch gern mal erleben.

**Agata:** Ich weiß nicht.

**Autor:** Noch einmal: Win kennt nicht den Grund der Reise, denn sie weiß nur so viel, wie ich mir bisher ausgedacht habe. ... Win, ich glaube, du wirst Richtung Potsdam fahren, aber zunächst entlang der ehemaligen Grenze der DDR.

Win zeigt wenig Interesse an dieser Information und spricht den Autor an.

**Win:** Ich wollte dich eigentlich abholen. Du bist doch auch mit dem Motorrad hier. Lass uns losfahren.

Der Autor erhebt sich, zieht seine Motorradsachen an und nimmt den Helm. Jaspersen hält ihn am Arm.

**Jaspersen:** Es würde mir völlig reichen, wenn ich meine Bilder zurückbekäme.

**Marin:** Die hat doch Jakob.

**Autor:** Ich hatte einmal vor, diese Bilder zu malen.

**Agata:** Ich glaube, sie sollten nicht mehr Motorradfahren.

**Autor:** Aber Agata, ich habe kein Schluck Alkohol getrunken.

Win und der Autor verlassen den Tisch. Alle haben sich erhoben. Plötzlich erscheint Pedersen vor dem Haus.

**Pedersen:** Halt, da bleibt noch was zu klären.

Der Autor sieht unwirsch zu dem Haus hinüber. Alle anderen sind erstaunt, Pedersen zu sehen.

**Autor:** Pedersen, gehen Sie ins Haus.

**Pedersen:** Kommt nicht in frage.

**Autor:** Sie gehen jetzt sofort ins Haus.

Win und der Autor setzen sich auf ihre Motorräder.

**Pedersen:** Sie wissen genau, dass da noch etwas aussteht, Sie Allmächtiger. Sie haben etwas verschwiegen.

Der Autor will sein Motorrad antreten, hat aber offensichtlich zu viel Benzin in den Vergaser laufen lassen.

**Autor:** Wir sind fertig, Pedersen. Das war's. Sie können ins Haus gehen.

**Pedersen:** Sie! Sie sind nichts. Nichts ohne uns. Und je mehr wir sind, desto weniger sind Sie. Sie sind nur Sie, so wie Sie sind, weil wir existieren. Und Sie sind ja wohl wirklich, vermute ich. Und deshalb besteht unsere Existenz mit Ihnen. Soweit wollten Sie wohl nicht mit uns gehen!

Wütend tritt der Autor seinen Starter hinunter und lässt auch erst Wins Motorrad starten, nachdem seines angelaufen ist. Verärgert winkt er Pedersen ab. Dann rollen die Motorräder von der Warft weg. Pedersen wendet sich dem Kaffeetisch zu.

**Pedersen:** Er ist so gut wie nichts ohne uns. Oder besser: Er ist viel weniger ohne uns.

Sieke hakt sich bei ihrem Vater ein.

**Pedersen:** Übrigens hat er nicht mal einen richtiger Verleger. Er wird sich eines Tages auflösen wie Boye und Bootsmann.

**Sieke:** Und dann sind wir immer noch?

**Jaspersen:** Jedenfalls sind wir hier erst einmal zusammen. Daran besteht kein Zweifel.

**Marin:** Seht mal, dort hinten kommen Willem und Jakob.

www.ingramcontent.com/pod-product-compliance
Lightning Source LLC
Chambersburg PA
CBHW051827170526
45167CB00005B/2184